mars 1859

CATALOGUE

D'UN RICHE

MOBILIER ANCIEN

tel que

MEUBLES ET PENDULE EN MARQUETERIE DE BOULE,
MEUBLES EN BOIS SCULPTÉ,
MEUBLES EN BOIS D'ACAJOU DU TEMPS DE LOUIS XVI, TABLES
ET CONSOLES EN MOSAÏQUE, FEUX, PENDULES,
CANDÉLABRES ET FLAMBEAUX EN BRONZE DORÉ
DU TEMPS DE LOUIS XVI

SOIERIES ANCIENNES, telles que Tentures, Rideaux, etc., **TAPIS TURCS** et autres,
Porcelaine, Cristaux, etc., etc.

Exemplaire de Bourdelycère

OBJETS D'ART ET DE CURIOSITÉ

BRONZES ANCIENS, FAÏENCES DE BERNARD PALISSY, FAÏENCES ET VERRERIE ITALIENNES,
PORCELAINES DE CHINE ET DU JAPON, DONT PLUSIEURS GARNITURES
DE VASES D'UN GRAND VOLUME ET DE BELLE QUALITÉ, PORCELAINES DE SÈVRES
ET DE SAXE, LAQUES DE CHINE ET QUANTITÉ D'OBJETS VARIÉS.

TABLEAUX ANCIENS

Provenant de la Succession de **M. LE MARQUIS DE CUSTINE**

Hôtel des Ventes, rue Drouot
SALLE N° 1

LES MERCREDI 2, JEUDI 3 ET VENDREDI 4 MARS 1859
A UNE HEURE.

Par le ministère de M° **A. PERROT,** Commissaire-Priseur,
quai des Grands-Augustins, 55
Et M° **CHARLES PILLET,** successeur de M. BONNEFONS DE LAVIALLE,
Commissaire-Priseur, rue de Choiseul, 11,
Assistés, pour le mobilier, de M. **ROUSSEL,** expert, rue Neuve de l'Université, 6,
Et pour les tableaux, de M. **F. LANEUVILLE,** expert, rue Neuve des Mathurins, 73
CHEZ LESQUELS SE DISTRIBUE LE CATALOGUE.

EXPOSITION PUBLIQUE
Le Mardi 1er Mars 1859, de une heure à 5 heures.

1859

CONDITIONS DE LA VENTE

Elle sera faite au comptant.

Les acquéreurs paieront en sus des adjudications cinq pour cent applicables aux frais.

L'exposition publique mettant les acheteurs à même d'examiner les objets mis en vente, aucun d'eux ne sera repris sous tel prétexte que ce soit.

DÉSIGNATION

DES OBJETS

Porcelaine de Chine, du Japon et autres.

1 — Deux grands et beaux cornets en porcelaine du Japon, richement décorés de fleurs rehaussées d'or, très-belle qualité. Hauteur, 63 centimètres.

2 — Deux grands vases (potiches) à pans, du même décor que les deux cornets ci-dessus, très-belle qualité. Hauteur, 1 mètre, y compris le couvercle.

3 — Grand vase, porcelaine du Japon, de même forme, surmonté d'un cornet qui est ajusté au moyen d'un cercle en cuivre. Hauteur du vase, 70 centimètres, avec sa base en cuivre. Hauteur de l'ensemble, 1 mètre 15 centimètres.

4 — Deux grands vases, de même forme, avec couvercle, surmontés de Chimères; ils sont décorés de fleurs à rinceaux en couleurs variées, rehaussées d'or, de cartouches d'oiseaux et de fleurs. Hauteur, 90 centimètres, y compris le couvercle.

5 — Deux grands cornets du Japon, très-richement décorés de fleurs et rinceaux, des plus vives couleurs, avec cartouches d'oiseaux et de fleurs. Hauteur, 63 centimètres.

6 — Grand et beau vase (potiche) du plus beau décor de fleurs et kiosques rehaussé d'or; le couvercle est surmonté d'une Chimère, très-belle qualité. Hauteur, 94 centimètres, y compris le couvercle.

7 — Deux moyens vases (potiches) avec couvercles; ils sont à pans et décorés de fleurs. Hauteur, 50 centimètres, y compris le couvercle.

8 — Deux vases de forme rectangulaire, porcelaine de Chine, décorée de fleurs, monture Louis XVI, en cuivre doré. Hauteur, 36 centimètres.

9 — Deux cornets, porcelaine de Chine décorée de fleurs sur fond de couleurs variées. Hauteur, 41 centimètres.

10 — Garniture de cinq petits vases à pans (vases et cornets), porcelaine de Chine fond blanc, décorée de fleurs.

11 — Trois vases, en porcelaine de Chine, à fond quadrillé et médaillons de fleurs, montés en bronze doré.

12 — Trois vases d'applique, en porcelaine de Chine, à mandarins.

13 — Deux sucriers, une théière et cinq tasses, en porcelaine de Chine, fond brun à cartouches de fleurs.

14 — Trois vases de nuit, en porcelaine du Japon, décorés de fleurs.

15 — Vase de forme cylindrique décoré de fleurs, belle qualité de Chine.

16 — Trois vases forme lisbée, décorés de fleurs, porcelaine de Chine; deux sont fond brun et l'autre fond blanc.

17 — Une théière, un bol à couvercle, un pot au lait et deux tasses en porcelaine de Chine, fond jaune avec fleurs, qualité très-fine.

18 — Une théière, cinq tasses et un petit plateau, porcelaine de Chine à mandarins, très-belle qualité.

19 — Deux vases à fleurs à dix pans, décorés de mandarins, porcelaine de Chine.

20 — Vase de forme globuleuse, porcelaine du Japon, décorée de fleurs.

21 — Bol en porcelaine de Chine, décoré d'une peinture en grisaille représentant une Marine.

22 — Environ vingt-quatre tasses, soucoupes et théières, en porcelaine de Chine et du Japon, seront vendues par lots.

23 — Deux grandes soupières carrées et six plats de même forme, en porcelaine de Chine, à dessins bleus, plus deux saucières et un compotier.

24 — Une jolie aiguière de forme orientale, très-élégante, porcelaine de Chine, à dessins bleus.

25 — Deux bouteilles de formes variées et un vase en porcelaine de Chine à dessins bleus.

26 — Vase à couvercle (potiche), porcelaine de Chine à dessins bleus.

27 — Deux bouteilles à narguilet, en même porcelaine.

28 — Grande statuette de femme japonaise, en porcelaine, dont le vêtement très-riche est décoré de fleurs. Hauteur, 85 centimètres.

29 — Vase à bouquets à huit pans, porcelaine de Chine à dessins bleus.

30 — Petite caisse à fleurs de forme carrée, porcelaine de Sèvres, pâte tendre, à médaillons de paysages, fond blanc.

31 — Pot à eau et sa cuvette, en porcelaine à la Reine, fond blanc, décorée de fleurs.

32 — Pot à eau, en porcelaine à la Reine, décorée de fleurs.

33 — Soupière ovale, en porcelaine de Saxe, décorée de fleurs.

34 — Sucrier, forme de fruit en porcelaine de Saxe, décorée de sujets pastoraux. Style Watteau, très-belle qualité.

35 — Autre sucrier, en porcelaine de Saxe, décoré de fleurs.

36 — Écuelle à couvercle et plateau, porcelaine de Saxe, décorée de figures représentant diverses professions du pays.

37 — Deux compotiers, une corbeille et un pot à pommade, en porcelaine de Saxe, décorée de fleurs.

38 — Six tasses et soucoupes, porcelaine de Saxe, décorée de fleurs.

39 — Quatre tasses et soucoupes, en porcelaine de Tournay, à stries contournées, décor rouge et or.

40 — Un vase et deux flambeaux, en biscuit, genre de Wedgwood, décor à relief blanc sur fond bleu.

41 — Bougeoir, en biscuit de Wedgwood (moderne).

42 — Petite boîte à thé, en porcelaine de Saxe, fond jaune médaillons camaïeux rouge.

43 — Jolie petite coupe, en faïence de la fabrique de Gubbio ; décor à reflets métalliques. Elle est de forme triangulaire sur piédouche élevé, et ornée extérieurement de branchages et de mascarons en relief.

44 — Vase de forme élégante, formant fontaine, d'un décor très-riche à dessins bleus, fabrique de Nevers.

45 — Deux bouteilles en mêmes faïence et décors.

46 — Deux aiguières de forme très-élégante, de mêmes décor et fabrique.

47 — Deux hanaps. Id.

48 — Deux bouteilles et deux vases. Id.

49 — Deux vases à longs cols, décor à sujets chinois, bleu avec rehauts de rougeâtre.

50 — Deux plateaux à huit pans, à bordures de dessin bleu, même fabrique.
51 — Deux grands compotiers, en faïence de Rouen, à décor de fleurs.
52 — Vase de forme élégante à deux anses, décoré de paysages, faïence du temps de Louis XVI.
53 — Vase de forme basse à deux anses, en grès brun, décors de fleurs en émaux de couleur, couvercle en étain.
54 — La Crèche, groupe de six figures, en faïence, de Bernard Palissy. Pièce rare.
55 — Grand seau, en faïence de Nevers, à dessins bleus.
56 — Deux bouquetières, en faïence, décorées de fleurs en couleurs.
57 — Trois vases, en faïence de Delft, décorés de fleurs.

Objets divers.

58 — Une pendule, forme de vase, en marbre blanc, richement montée en bronze doré au mat, du temps de Louis XVI.
59 — Deux flambeaux, en émail de Saxe du temps de Louis XV, décorés de fleurs.
60 — Beau vase à couvercle, en bronze tonkin, décoré de cartouches de fleurs en relief sur fond doré.
61 — Écritoire, en émail de Chine, décoré de sujets chinois et de fleurs.
62 — Autre écritoire, en serpentine verdâtre d'Italie.
63 — Boîte ronde, en laque burgauté de Chine.
64 — Corbeille à une anse mobile, avec plateau en filigrane d'argent de Gênes.

65 — Grand plateau ovale, en argent repoussé, style Louis XV ; au milieu un sujet de chasse.
66 — Écritoire en marqueterie de Boule, garnie de cuivres.
67 — Deux presse-papiers, bronze doré avec chiens lévriers en bronze, couleur florentine.
68 — Une petite colonne et une lampe en marbre rouge antique.
69 — Petit brasero italien en cuivre repoussé et argenté.
70 — Groupe de figures, et un sanglier en albâtre.
71 — Presse-papiers en rouge antique, avec mosaïque romaine. Sujet de la lutte d'un satyre contre un bouc.
72 — Presse-papiers en bronze. Jeune satyre sur un bouc.
73 — Dito.   dito.   Un coq.
74 — Encrier en bronze. Un cheval au galop.
75 — Dito,   dito, formé par une sphère en bronze.
76 — Jolie pendule en marqueterie de Boule, écaille noire, avec son socle, garnie de cuivres en couleur.
77 — Le Laocoon, groupe en albâtre.
78 — Cabinet en laque de Chine, renfermant des tiroirs.
79 — Autre cabinet en laque à dessins d'or, sur son pied ; il renferme des tiroirs.
80 — Deux sucriers et quatre tasses, en figuier verni.
81 — Une petite commode en laque noir et or, dessus en marbre rouge du Languedoc.
82 — Deux petits meubles, consoles d'encoignure, en bois d'acajou, avec tablettes de marbre blanc, et garnis de cuivre.
83 — Grande coupe ovale, en cornaline d'une belle couleur.
84 — Grand et beau fauteuil en bois sculpté du temps de Louis XIV, couvert en tapisserie au point, avec un coussin de pieds.

85 — Deux tableaux de fleurs en relief, exécutées en verroterie, de diverses couleurs. Travail vénitien du temps de Louis XIV ; cadres en ébène avec doucines en cuivre, le tout disposé pour former un casier à musique.
86 — Une sainte Bible du seizième siècle.
87 — Deux grands rideaux, en damas, couleur réséda.
88 — Tapis turc à haute laine, portant 7 mètres sur 4 mètres 30 centimètres.
89 — Autre tapis turc, 4 mètres 40 centimètres sur 4 mètres 40 centimètres.
90 — Coffre en acajou renfermant un sucrier et trois flacons en cristal de Bohême doré.
91 — Petit tapis de Perse portant 2 mètres 50 centimètres sur 1 mètre 50 centimètres.
92 — Sainte Madeleine, en terre cuite peinte.
93 — Trois paires de chaussures orientales.
94 — Une lampe italienne à trois becs, en cuivre poli.
95 — Une coupe et deux flacons en cristal de Bohême rose, à décor d'or.
96 — Un verre d'eau, composé d'un plateau, une aiguière, un sucrier, un verre et une carafe, le tout en cristal taillé, blanc et jaune.
97 — Grand vase à couvercle avec médaillons gravés, cristal jaune taillé.
98 — Trois paires de flambeaux anciens, en cuivre doré.
99 — Trois petits tableaux, peintures chinoises sur verre, d'après des dessins européens.
100 — Beau buste en plâtre, représentant un Romain, par Télérani, artiste italien.
101 — Lampe de suspension, en cuivre, découpée à jour, exécutée d'après une lampe semblable qui existe à l'Alhambra.

102 — Quatre divans ayant trois coussins chacun, le tout couvert en étoffe de soie brodée de fleurs, sur fond de couleurs variées.

103 — Quatre tabourets en étoffe de soie brochée de fleurs.

104 — Belle pendule dite à la religieuse, du temps de Louis XIII, en marqueterie de trois parties, garnie de cuivres.

105 — Une paire de flambeaux de Boule, en bronze doré; ils sont à pans et ornés de petits bustes en bas-relief.

106 — Deux jolis vases en porcelaine céladon, bleu empois, à dessins camaïeux gris et bruns, très-belle qualité ancienne; monture Louis XVI, en bronze doré. Hauteur, 30 centimètres.

107 — Beau meuble en marqueterie d'étain sur bois des îles, du temps de Louis XIII. La partie supérieure, formant cabinet, est garnie de tiroirs; la partie inférieure est garnie de deux portes marquetées en plein.

108 — Belle pendule du temps de Louis XVI, en bronze doré. Elle a la forme d'un vase orné de feuilles d'acanthe et de mufles de lions.

109 — Deux candélabres de Boule, en bronze doré; ils sont à trois branches, terminées par des têtes de béliers se rattachant à un balustre orné de médaillons et de lambrequins; la base, de forme triangulaire, supporte des sphinx.

110 — Deux petits guéridons en mosaïque de Florence; le pied, à balustre cannelé, est en bronze doré.

111 — Petit cabinet italien garni de tiroirs, en bois d'ébène, orné d'arabesques incrustées, en ivoire.

112 — Guéridon à trépied à têtes de lions, en fer doré à l'huile, le dessus en mosaïque de Florence.

113 — Autre guéridon semblable, non doré.

114 — Table-console, en mosaïque d'échantillons de laves du Vésuve; le milieu, formant damier, est en rouge antique et marbre noir; le pied, à colonnettes et entrejambe, est en bronze, partie au vert antique et partie doré.

115 — Une carabine du seizième siècle, à laquelle on a adapté une batterie à pierre; le fût, en bois, est incrusté d'arabesques en ivoire et nacre de perle.

116 — Une bibliothèque à hauteur d'appui en marqueterie de cuivre sur ébène, fermant à deux portes vitrées.

117 — Autre petite bibliothèque vitrée en marqueterie de cuivre sur écaille rouge.

118 — Jolie statuette en bronze, ancien, Mercure d'après Jean de Bologne.

119 — Plusieurs plats et assiettes en faïence italienne, des fabriques de Pesaro et de Castelli.

120 — Deux colonnes en marbre griotte garnies en bronze au vert antique; elles sont surmontées des figures de saint Pierre et de saint Paul, en bronze.

121 — Grand verre à couvercle, forme de calice, en cristal taillé, orné d'un médaillon avec le portrait du roi Stanislas.

122 — Joli verre à pied élevé en verre craquelé de Venise, du seizième siècle.

123 — Un déjeuner, en porcelaine de Saxe à décor camaïeu rouge, composé de treize pièces.

124 — Vingt-deux assiettes, un saladier et deux plats en porcelaine de Saxe décorée de fleurs.

125 — Deux bols en porcelaine, l'un du Japon, l'autre de Chine.

126 — Dix-huit assiettes en porcelaine du Japon.

— 12 —

127 — Un hanap en faïence ancienne, très-belle forme et décoré de fleurs.

128 — Une saucière avec plateau et deux petits compotiers en porcelaine de Chine décorée de fleurs.

129 — Six tasses, une théière et un pot au lait en porcelaine d'Allemagne à dessins camaïeux rouges, offrant des paysages.

130 — Deux vases de forme cylindrique, décorés de fleurs, en porcelaine de Chine.

131 — Une tasse avec soucoupe en porcelaine Sèvres pâte-tendre, décorée de bouquets de fleurs.

132   Neuf manches de couteau en agate brèche de Sicile.

133 — Deux petits flambeaux en bronze vert, formés par des figures de satyres, d'après l'antique.

134 — Deux paires de flambeaux en cuivre doré du temps de Louis XVI; ils sont ornés de guirlandes de fleurs.

135 — Trois grands tapis turcs à haute laine; un d'eux n'a pas encore servi. Ils seront vendus séparément.

136 — Un service en cristal taillé, blanc et jaune, composé de cinquante-huit pièces.

137 — Un verre d'eau composé de cinq pièces, cristal taillé.

138 — Un sucrier, un bol et un porte-plumes, cristal taillé.

Meubles meublants.

139 — Canapé formant lit, foncé, en crin et couvert en étoffe croisée à dessins turcs; avec deux coussins et un matelas.

140 — Deux fauteuils, deux chaises et deux bergères en bois d'acajou du temps de l'Empire, garnis en perse.

141 — Six fauteuils gondoles en bois d'acajou, garnis en perse.
142 — Deux grands fauteuils couverts en perse.
143 — Petit guéridon en bois d'acajou.
144 — Trois chaises chauffeuses en bois d'acajou, garnies de coussins mobiles en perse.
145 — Deux tables à jeu en bois d'acajou incrusté de filets de bois de couleur.
146 — Table à deux volets et tiroirs en bois d'acajou.
147 — Petite table à thé à deux volets en bois d'acajou.
148 — Deux tapis moquette, fond bleu à rosaces, portant environ 4 mètres sur 3 mètres.
149 — Sept rideaux de fenêtre en damas de soie verte, portant environ 2 mètres 40 centimètres avec les embrasses.
150 — Trois rideaux et un lot de coupons en damas de soie cramoisie.
151 — Une grande et belle portière en satin de soie broché, à dessins blancs sur fond cramoisi, doublée en damas rouge.
152 — Très-grande portière en étoffe de l'Inde, décors de fleurs et d'oiseaux en couleurs variées rehaussées d'or, doublée en étoffe de soie cramoisie; environ 3 mètres 50 centimètres de haut.
153 — Grand nombre de rideaux blancs pour croisées et vitrages.
154 — Deux rideaux de croisée en perse.
155 — Une pièce d'étoffe de soie de la Chine, fond jaune, à dessins de fleurs de couleur, disposée pour garnir douze fauteuils.
156 — Deux couchettes en bois d'acajou.
157 — Deux rideaux de croisée, rideaux de lit et courtepointe, en perse à fleurs.

158 — Deux chaises et un fauteuil en bois d'acajou.
159 — Une table à deux volets, en acajou.
160 — Belle armoire à glace en acajou.
161 — Une petite pendule ornée de figures en bronze doré, socle en vert de mer.
162 — Deux flambeaux en cuivre doré.
163 — Deux tables de nuit en bois d'acajou.
164 — Garde-cendre, pelle et pincettes, avec ornements en cuivre.
165 — Glace de cheminée avec cadre en bois doré, portant 87 centimètres sur 57 centimètres.
166 — Lit du temps de Louis XVI en bois sculpté, peint en gris.
167 — Commode en acajou à dessus de marbre noir.
168 — Armoire à glace en acajou.
169 — Grand fauteuil Voltaire couvert en maroquin.
170 — Un canapé couvert en perse.
171 — Descente de lit en moquette.
172 — Une tenture de chambre à coucher et deux petites portières en perse à fleurs.
173 — Autre tenture et rideaux de croisée en perse.
174 — Une toilette en acajou et marbre blanc.
175 — Calorifère Joly en tôle.
176 — Bibliothèque vitrée en bois d'acajou.
177 — Tenture de salon avec baguettes dorées et rideaux de croisée en damas rouge.
178 — Deux fauteuils du temps de Louis XVI en bois doré, couverts en étoffe de soie bleue brochée de fleurs.
179 — Petit fauteuil en bois doré, couvert en étoffe de soie cramoisie brochée de fleurs.

180 — Beau paravent de huit feuilles en vieux laque de Chine, fond noir à dessins d'or.
181 — Petit lustre rocaille à huit branches, bronze doré.
182 — Grande table de salle à manger en bois d'acajou, avec ses rallonges.
183 — Buffet à étagère en bois d'acajou.
184 — Buffet plus petit en bois de palissandre à filets jaunes incrustés.
185 — Six chaises de salle à manger et quatre fauteuils, en bois d'acajou garnis en cuir violet.
186 — Deux écrans en bois d'acajou garnis en soie.
187 — Chauffe-plats en tôle.
188 — Petit paravent de trois feuilles, en tapisserie au point et damas.
189 — Deux armoires à lit, en bois de noyer.
190 — Un petit bureau, en bois d'acajou.
190 bis. — Un grand couvre-pieds, étoffe de coton de Chine, brodée en soie à ramages de fleurs et d'oisseux.

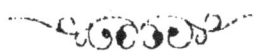

TABLEAUX ANCIENS

MINIATURES

192 — Inconnu.............. Portrait de Rigaud. (Miniature.)
193 — Mieris (G.).......... Portrait d'un jeune homme.
194 — École allemande..... Le grand Frédéric passant une revue.
195 — Mignard (d'après).... Le maréchal de Boufflers.
196 — École italienne..... La Vierge et l'Enfant.
197 — École flamande...... Mort de la sainte Vierge.
198 — École moderne....... Vue d'une église à Palerme.
199 — École flamande...... Portrait d'homme.
200 — École moderne....... Chapelle dans une grotte, près de Palerme.
201 — Idem................ Même sujet.
202 — École flamande...... Présentation au peuple.
203 — Idem................ Tête de Christ.
204 — Guide (d'après)..... La Fortune.
205 — Inconnu............. Portrait d'un chancelier. (Miniature.)
206 — Idem................ Portrait d'Élisabeth d'Angleterre. (Émail.)
207 — Mme de Mirbel (1835). Portrait du comte G.

208 — Inconnu.............. Une femme devant un tombeau. (Miniature.)
209 — Idem............... Femme couchée entourée d'enfants. (Miniature.)
210 — Idem............... Enfants devant un tombeau. (Miniature.)
211 — Cattel............. Vue des environs de Naples.
212 — Idem............... Course en coricolo.
213 — Idem............... Vue d'une église à Naples.
214 — Smargiossi......... Vue d'une porte de Rome.
215 — Idem............... Intérieur de la grotte d'azur.
216 — École italienne..... Jésus au jardin des Oliviers.
217 — École ancienne..... Deux vues de châteaux.
218 — Cattel.............. Une procession à Naples.
219 — Caravage........... Sujet tiré du Nouveau Testament.
220 — Triptyque flamand.. L'Adoration des mages et les Deux donataires.
221 — Inconnu............ Paysage. (Ruches à miel.)
222 — Netscher (genre).... Mme Deshoulières. (Elle est assise et tient des fleurs.)
223 — École italienne..... Adam et Ève chassés du paradis.
224 — Idem............... Ruines romaines.
225 — Idem............... Portrait d'homme avec cuirasse.
226 — École française..... Henriette d'Angleterre, richement costumée.
227 — Inconnu............ Paon et lapins.
228 — Idem............... Deux tableaux de fleurs.
229 — Idem............... Paon entouré de fleurs.

230	TRIPTYQUE FLAMAND..	Descente de croix et les Donateurs.
231	SALVATOR (genre)....	Combat de cavalerie.
232	FYT (genre).........	Deux tableaux de gibiers.
233	ÉCOLE ITALIENNE.....	Deux portraits de jeunes Napolitaines.
234	QUINTIN METSYS (gre).	Le Receveur de rentes.
235	INCONNU............	Gibier et chien.
236	IDEM...............	Joseph et Putiphar.
237	IDEM (1564)........	Portrait d'homme.
238	ÉCOLE FRANÇAISE.....	Portrait de Louis XIV.
239	INCONNU............	Vue de Rome.
240	IDEM...............	Adam et Ève et leurs enfants.
241	IDEM...............	Paon, poules et tortue.
242	BOULANGER (Louis)...	Le Vœu au saint patron.
243	DEMORNE............	Le Chien du naufragé.
244	INCONNU............	La Vierge et l'Enfant.
245	OMMEGANCK (d'après).	Moutons au pâturage.
246	DU MÊME............	Même sujet.
247	INCONNU............	Vase de fleurs.
248	IDEM...............	Fruits et lapins.
249	PANTOJA (d'après)...	Charles V. (Gravure.)
250	TITIEN (d'après)....	Philippe II. (Gravure.)
251	BOULANGER (Louis)...	Triomphe de Pétrarque.

www.ingramcontent.com/pod-product-compliance
Lightning Source LLC
Chambersburg PA
CBHW030112230526
45471CB00003B/1384